NOTICE

OU

QUESTIONS DE PROCÉDURE

Prix : 1 fr. 50

TOURS

IMPRIMERIE PAUL BOUSREZ

—

1890

NOTICE

ou

QUESTIONS DE PROCÉDURE

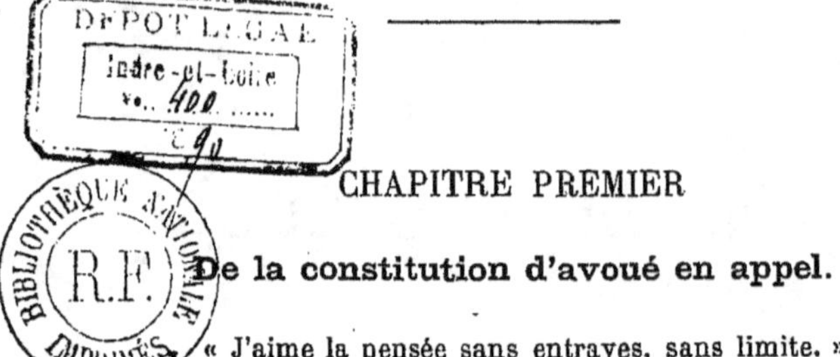

CHAPITRE PREMIER

De la constitution d'avoué en appel.

« J'aime la pensée sans entraves, sans limite. » (Mᵉ ALLOU.)

Tourmenté, obsédé par le plus vif sentiment du culte de la loi, évangile de l'ordre, j'entreprends sans optimisme de tenter le redressement, désirable assurément, de deux ou trois erreurs, sur tant d'autres capitales, partagées par les mondes des palais de justice — entrevue !

Le philosophe de Genève enseigne dans le *Contrat social*, ouvrage impérissable, que, « quand les coutumes sont établies et les préjugés enracinés, c'est une entreprise dangereuse et vaine de vouloir les réformer. »

Il faut quelque audace, en effet, pour oser proposer de changer, de modifier un courant d'opinion-reine ondulante — comme celui qui s'est établi, mais avec un discernement contestable, au regard des formes essentielles de l'exploit d'appel.

Je ne m'attends pas que les Basochiaux, laponnais ou lilliputiens m'assaillent de sitôt.

Qu'importe à mon ignorance, si la question mérite d'être élucidée, si tout autour quelque étincelle de lumière peut dissiper les ténèbres et faire rompre le mutisme d'un dédain simulé ou réel.

Mais quoi ! toujours la honte nous lie « lorsque la bonté, expression mélancolique de l'équité qui charme, nous délie. »

« J'ai vu de bons esprits, disait Platon, qui, après trente ans de méditation, ont enfin avoué qu'ils ne trouvaient plus qu'évidence et certitude où ils n'avaient pendant si longtemps trouvé qu'incertitude et obscurité. »

Les hommes sont partout les mêmes, observait Voltaire.

Il est donc permis de croire qu'avec l'effet du temps, ce diplomate gratuit et silencieux qui n'use pas uniquement de rhétorique « aboyante » (1), les bons esprits n'auront pas trop de scrupules à vaincre pour reconnaître leur étrange méprise et l'erreur singulièrement répandue sur le sens, *stricto sensu*, de l'article 450 du *Code de procédure civile*.

C'est l'objet de notre thème : savoir, établir, reconnaître, enfin avouer sans fausse honte qu'il n'y a pas lieu, *a priori*, de constituer avoué par l'acte même d'appel, et *a fortiori* en cours d'instance de matière commerciale. *Sed lex.*

La dévolution du pouvoir de juger ne va pas au delà. Elle ne comporte pas la faculté de combler des lacunes imaginaires, de s'octroyer l'honneur extrême de légiférer. Ce serait de l'**a-narchie.**

Disons-le sans réticence, c'est par un véritable abus d'attributions ou un débordement d'intelligence, que s'est établie la jurisprudence en cause pour l'application de l'article 648 du *Code de commerce.*

« L'abondante faconde des avocats a su détourner les juges de la bonne voie. »

Ce serait un défi au bon sens, une aberration d'esprit que de soutenir plus longtemps que l'article 648 est obscur, qu'il fait naître le doute.

Avouons cependant que les commentateurs de cette Bible laïque que nous appelons *le Code* ne sont pas tous obscurs, et qu'il n'est pas douteux si des juristes éminents ont pu se trouver portés, intéressés même (2) à logomacher sur des textes parfaits. L'intérêt est le mobile de toutes les actions.

L'article 648 du *Code de commerce* est ainsi conçu : « Les appels des jugements des tribunaux de commerce seront *ins-truits ET jugés* dans les cours comme appels de jugements en matière sommaire. — La procédure jusques et y compris l'arrêt définitif, sera conforme à celle qui est prescrite pour les causes d'appel en matière civile, au Livre III de la première partie du *Code de procédure civile.* » — Au Livre III et pas ailleurs.

Nous reviendrons bientôt à la matière « sommaire. »

Les deux dispositions de l'article 648, sont parfaitement distinctes et d'ordres différents. Elles sont complètement opposées à l'article 642 qui n'édicte et ne prescrit que « la forme » de procéder. La nuance est sensible et notable.

Mais il semble que la forme n'est pas absolument la même chose que les « formalités » et que, sans paraître vétilleux, la distinction est utile à notre sujet.

La première disposition de l'article 648 est le corollaire natu-

(1) Cicéron qualifiait d'aboyeurs les avocats trop exubérants. « Ils aboyent surtout, raconte Juvénal, lorsque leurs clients assistent à l'audience; alors leurs poumons vomissaient les mensonges. » — *Gazette des Tribunaux*, 23 octobre 1889. — Discours de rentrée, M. Jaconut.

(2) Sont dispensés de la constitution d'avoué : L'Etat; l'Administration de l'enregistrement; l'Administration de la caisse des invalides; les Commissions administratives des hospices; l'Administration de la marine en certains cas et les affaires en matière de douanes.

rel, le complément nécessairement forcé des articles 626 et 640 du *Code de commerce*. Elle dicte pour la cour et lui impose comment, et de quelle manière, ELLE, elle doit instruire et juger. C'était à observer. — C'est la conséquence de ce principe que le législateur réédite en l'article 201 du *Code d'instruction criminelle*. En cette matière, il est hors de discussion, qu'on n'est pas obligé de suivre les règles de l'article 61 du *Code de procédure civile*, également inapplicables aux affaires de commerce. Ce qui en fait foi, c'est le texte de l'article 415 du *Code de procédure civile*. Et le tarif?

La cour a ainsi son cercle tracé, délimité, en raison de trois juridictions, de matières attributives de compétence.

Autre cercle est celui de la procédure compétant aux officiers ministériels domaine irréductible, infranchissable quoique empiété impunément. C'est que la procédure n'est qu'un mode d'administration, différent mais génératif de celui de la cour; celui-là, toujours le même : instruire et juger, mêmement.

C'est avec une grande justesse que M. Bonfils — non pas d'huissier — a dit que là où le législateur sépare, l'interprète ne doit pas confondre. Pourquoi alors ne pas généraliser ce principe primordial incontestable? Pourquoi astreindre la matière commerciale à la constitution d'avoué?

On ne peut s'empêcher de reconnaître que la cour en instruisant et jugeant, ne fait pas perdre à l'affaire son caractère propre. La cour se trouve placée dans la même situation que le tribunal de première instance jugeant, à défaut de tribunal spécial, les affaires commerciales, et ou mais comme les affaires correctionnelles.

La seconde disposition de l'article 648 nous oblige à remonter au Livre III du *Code de procédure civile*. Et c'est fort heureux. Nous nous trouvons au titre unique de l'appel. Il s'y trouve mieux, il comprend les articles 456 et 470 contenant des dispositions générales sur lesquelles on est passé à court d'attention. C'est de leur application immodérée, irrationnelle qu'il s'agit. Les cyclopes, d'autres disent « les munitionnaires » de la procédure en ont dénaturé le sens, étrangement aggravé la portée; et les tribunaux ont fait un accueil inconsidéré, sinon irréfléchi, à une théorie de paralogismes et de sophismes qui ne s'expliquent que par l'intérêt particulier qui ne capitule jamais. La position des huissiers en est menacée. On est atterré ou soulevé d'effroi en pensant à l'incommensurable danger couru avec une fallacieuse responsabilité vis-à-vis des intérêts en jeu des processeurs.

Il faut croire qu'en cela, la prudence et le sentiment de l'équité se sont affirmés dans la sage rédaction des articles 456 et 470. Si le législateur n'a pas sur ce point délicat rappelé les rigueurs de l'article 70, convient-il de se substituer à son pouvoir? Est-il nécessaire ou même utile de dépasser sa volonté? On voit et on ait assez si la déchéance résultant de la nullité de l'acte d'appel dans un délai très exigu, peut facilement entraîner les intérêts les plus sérieux. Conception décevante (1).

Et d'ailleurs l'art. 70 ne vise que les formalités exclusivement et expressément prescrites (art. 69 et 1re partie de l'article 68 de la première partie du Livre II du Code de procédure civile. La désignation de l'ensemble du Code de 1806 indique autant que son âge si ce monument ne fut pas fait pour une législation inspirée à d'autres sources que celles supposées.

Le Livre III, qui nous occupe maintenant, nous offre deux vigies heureusement placées, guides suffisants mais irréductibles, indissolublement liés à l'article 648. Ce sont les articles 456 et 470 hors des atteintes des rigueurs aveugles de l'article 70.

L'article 456 est ainsi conçu : « L'acte d'appel contiendra assignation dans les délais de la loi et sera signifié à personne ou domicile à peine de nullité. » N'est-il pas assez draconien ? En fait, il n'impose pas autre chose à sa nullité limitative et circonscrite, mais assez grave pour contenter les plus exigeants. Il ne paraît pas suffire aux rhétoriciens, peu satisfaits d'une rédaction parfaite de clarté et de précision entièrement conforme à la volonté du législateur ; conforme aussi aux besoins du commerce et à la tradition. D'ailleurs les raisons invoquées ne justifient pas les prétentions de faire constituer avoué dans le même exploit d'appel, en aucune matière ; s'il n'est pas inutile de graver des textes, il ne saurait être permis à ses serviteurs d'en modifier la synthèse.

Est-il nécessaire de faire remarquer que le législateur n'a pas perdu de vue que si les parties sont libres de leur choix, il convient qu'elles le puissent faire en dehors de l'avoué qui a occupé en première instance? Dans l'arrondissement juridictionnel que les parties litigeantes habitent généralement, il est à peu près facile de faire un bon choix. Il n'en est pas de même lorsque le choix doit porter sur un avoué d'appel à grande distance, en raison également de la connaissance qu'on ne peut avoir dans les campagnes, cercle étroit des relations sociales, exigu pour la connaissance et des noms et surtout de l'aptitude de ces officiers ministériels. Cette opinion est justement professée (2).

D'autre part, et c'est aussi essentiel qu'indiscutable, l'article 470 porté : « Les autres Règles établies pour les tribunaux inférieurs (?) (hélas !) seront observées dans les cours. »

Quelles sont ces règles ? *Delenda Cartago.*

Notons d'abord que la construction grammaticale, que le pluriel employé, et ensuite que la différence des termes inéluctables qui constituent l'article 470, excluent l'ambiguïté qu'on prêterait à tort au rédacteur de la loi inspiré sans doute par le droit ancien. Les termes ont été heureusement choisis. Ils sont

(1) Il n'est pas d'huissier « ayant surface pour garantie, effectivement l'enjeu du plaidant débouté pour une question de forme d'exploit — rétribué de 0,40» Oh! dérision.

(2) Pandectes françaises, T 5. V° ajournem nt, page 318, n° 256.

— 5 —

assez clairs pour se défendre contre l'épiloguerie, contre la versatilité et les fluctuations diverses des apôtres de la vérité juridique. Mais ils sont abandonnés à une tendance excessive à les défigurer. La doctrine et la jurisprudence se sont laissé aller aux insolites prétentions, très fâcheuses, peu satisfaites d'avoir à se borner, à remplir le rôle très honorable tracé par l'article 1156 du *Code civil*, pour l'exécution duquel le *Code de procédure* qui lui a pris sa désignation, qualification finale, a été élaboré.

C'est en vain que la séparation des pouvoirs est établie comme règle salutaire, qu'elle est préconisée pour la paix sociale, comme le nœud gordien de l'utilité, de la division du travail. C'est en vain aussi que du haut de l'échelle hiérarchique on prêche, on recommande d'appliquer la loi comme elle est, sans autre préoccupation (1). Il ne sert de rien à nos excellents professeurs de droit d'enseigner que « l'interprète n'a pas le droit de refaire la loi. »

Après avoir judicieusement, préventivement indiqué et prescrit à la cour comment elle doit « instruire et juger », le rédacteur de l'art. 648 prescrit aussi avec à propos quelle est la procédure qu'on devra suivre ; elle est tracée au Livre III *du Code de procédure civile.*

Quelle est cette procédure ? celle qui est prescrite pour les causes d'appel en matière civile. Point de doute à cet égard. La discussion n'est pas ici. La controverse et la méprise qui enfantent la logomachie viennent de la différence essentielle qu'on ne fait pas, mais qui s'impose, qui est dans deux mots indispensables qui ne sont pas synonymes : Formes et Règles. Avec de la bonne volonté, disons de l'honnêteté, les plus prévenus ne pourront disconvenir que formes et règles de la procédure n'expriment pas une même idée, mais que ces deux mots constituent deux termes distinctifs, disjoints, deux facteurs solidaires.

La procédure en appel sera celle suivie devant le tribunal civil (art. 648, *C. com.*), mais les formes et les règles (art. 470, C. p. c.), seront celles suivies devant le tribunal « inférieur », d'où monte l'appel. Ceci est tellement précis qu'il ne semble pas pardonnable de le mettre en doute ; et ridicules sont les essais d'invention, les efforts d'intelligence pour confondre des mots aussi distincts.

Nous avons trois tribunaux inférieurs : le tribunal civil ou de première instance ordinaire; le tribunal correctionnel de répression ou extraordinaire, et le tribunal consulaire ou spécial d'exception. Tous les trois ressortissent pour la réformation ou les redressements à la même cour d'appel (art. 644, *C. com.*; 201, C. inst. crim.). — Hybridité innaturelle.

L'injonction insérée à l'article 648 de suivre les prescriptions tracées au Livre III, ne peut échapper à l'attention des praticiens vigilants, seraient-ils brouillés avec la science officielle.

« La science, dit Montaigne, est une drogue qui se conserve

(1) Discours d'installation de M. le Procureur général Bouchez.

selon le vase qui l'estuie. De ces vases, les facultés en pullulent,
se répandent comme les graminées, étiquetées, selon la coutume,
d'un brevet qui ne les garantit pas au public car, affirme
Victor Hugo, « la science est une réalité dont on jeûne. »

M. Taine rapporte que Carlyle était tourmenté par le sentiment de son ignorance. — Exception. — Pédants et hautains,
ainsi sont éduqués la plupart des savants sortis de nos facultés,
dont leur fonction, a dit M. Ludovic Halévy, est l'unique raison
de leur importance. Louis XIV connaissait également cette lèpre
sociale. Ce monarque révolutionnaire, en précipitant de sa place
un secrétaire d'Etat ou un autre ministère de la même espèce,
le replongeait, lui et tous les siens, dans la profondeur du néant
d'où cette place l'avait tiré (1). Sous ce règne aussi, le barreau
plaidait ridiculement (2).

Ainsi donc les termes aussi précis que concis de l'article 470,
soleil de cette discussion, combinés, associés avec ceux des
articles 415 et 456, forment le rempart inébranlable de la question. Impossible de passer à travers, d'éluder la loi, sans
violenter les textes, sans empiéter sur le domaine législatif.

Au reste, ce ne sont pas les plaideurs qui doivent entrer dans
les vues des rhéteurs, mais ceux-ci et la justice, dans les vues du
législateur et du bien général.

Oh ! docteurs pharisiens, ne lisez pas ce qui n'est pas écrit, ce
qu'on n'a pas mis, ce qu'on n'a pas voulu écrire ou mettre dans
la loi, car les rédacteurs n'ont eu en vue que la simplicité et
l'économie. Ils ne vous ont pas permis un soin qui n'appartient
qu'aux dieux, selon le mot de J.-J. Rousseau.

Les cours commerciales ayant été supprimées en 1806
par le souffle nouveau aussi puissant que mal dirigé sous l'in-
fluence du courant centralisateur de cette époque, avons-nous
besoin de le dire, il a fallu donner aux cours nouvelles plusieurs
attributions, civiles, commerciales et correctionnelles, à l'instar
de ce qui avait été réglé pour les tribunaux de première instance
(art. 616 et 640, *Code comm.*, contrairement au principe salutaire
du progrès et de la division du travail.

De cette situation fâcheuse découle une harmonie relative,
coefficient des articles 640 et 641 du *Code de commerce*, des articles 199, 200 et 201 du *Code d'inst. crim.*, et des articles 415, 456
et 470 du *Code de procédure* enfanté par le *Code civil* qui lui a
passé ce qualificatif élogieux. Par là on s'explique la somma-
tion contenue dans l'article 470 « d'observer, en appel, les autres
règles établies pour les tribunaux inférieurs ; » dilemne dans
lequel il importe de se renfermer. L'utilité pratique n'est pas
ailleurs. Le véritable souci du respect de la loi n'y fait point
obstacle. L'intérêt du plaideur et le tarif des frais le veulent
ainsi.

(1) Note, page 430. Siècle de Louis XIV.
(2) *Les Plaideurs* (Racine). — Les infortunés, s'écriait Martial, ils sont
impuissants à joindre trois mots ensemble. — *Gazette des Trib.*, n° 23,
octobre 1889. — Discours de rentrée.

L'article 470 contient un ordre de dispositions presque indéfinies parce qu'il vise ou s'ouvre à plusieurs sources. De même que l'article 456, il se bifurque pour conduire à diverses issues atteindre un but indentique quoique par des voies différentes.

Eût-il été juste et sage d'étayer les formalités de cette importance sur l'article 70 ? Évidemment que cet article n'a pas été rédigé pour être étendu hors de ses limites qui ne vont pas ailleurs, qui ne doivent pas dépasser le rayon des deux articles qui le précèdent. Prétexter de l'habitude, de la jurisprudence établie, pour maintenir l'extension abusive que l'on sait en avoir faite contre la logique, la raison et l'équité, ce serait légitimer tous les excès, autoriser les plus graves écarts.

Un exploit d'appel ne cesse pas d'être régulier s'il est conforme aux prescriptions de la loi « fût-elle défectueuse, » nous dit avec infiniment de bon sens M. Bonfils, dans son Traité de la procédure, page 226, n° 42, in fine.

Ce savant auteur, qui ne s'est pas préservé de ce travers qu'on appelle la contradiction, nous affirme avec sa compétence « que devant la cour d'appel on suivra la même marche que devant le tribunal d'arrondissement. Il n'y aura pas d'instruction par écrit, dit-il, car un procès commercial conserve en appel le caractère de matière sommaire. » Nous sommes en accord parfait quant à la marche ; quant à la chaussure, c'est-à-dire aux formes et aux règles de la procédure, il est indubitable qu'il faut se revêtir de celles prises devant le tribunal inférieur.

Qui dit « instruction sans écrit, » veut dire exclusion du ministère d'avoué ; d'où économie et célérité, objectif du législateur et du processeur de tous les pays, et en tout temps. Ceci est incontestable et admis devant le tribunal inférieur. Il n'y a pas de motif plausible de penser ou d'agir autrement devant la cour d'appel, du moins en matière commerciale ; ainsi était l'ancien droit. Il n'y fut pas dérogé.

Du reste, dit encore M. Bonfils, T. 1, p. 245, n° 479, les motifs qui avaient décidé les auteurs de l'ordonnance de 1673, ont aussi dirigé les rédacteurs du Code de procédure. Nous en prenons acte.

Ce point de vue parfaitement exact nous autorise à demander l'application stricte, littérale des articles 456 et 470 du *Code nouveau* et de l'article 648 du *Code de commerce* postérieur.

Il ne viendrait à l'esprit de personne aujourd'hui de constituer avoué dans l'exploit d'ajournement en instance commerciale devant un tribunal civil. Sur ce point autrefois controversé, — qu'est-ce qui ne le serait pas ? — l'article 414, que l'article 627 du *Code de commerce* fortifie, l'articte 456 du *Code de procédure* n'en constitue pas une antinomie, au contraire.

Cette opinion est d'autant plus soutenable que la cour de cassation l'avait consacrée par un arrêt de 1837 (1). Mais cette

____

(1) *Pandectes franç.*, T. 5, p. 449, n° 2264 ; *Code*, n° 255 et 256.

jurisprudence sommeille et ne paraît pas se réveiller en faveur de notre thèse, c'est très regrettable. Les revirements des cours sont assez fréquents ; ils rappellent le fameux distique de François Iᵉʳ : Souvent... varie, bien fol est qui s'y fie.

L'arrêt précité est un jalon à relever ; il mérite les regards de 20,000 appelants déçus ou grincheux, justement soucieux des états de frais.

Pour l'application des articles 636 et 637 du *Code de commerce*, on invoque fort à propos, sinon la lettre du moins l'esprit, que leur inocule l'article 10 du Titre XII de l'ordonnance de 1673. Il serait aussi rationnel de s'inspirer à la même source quand il s'agit de l'application des articles 456 et 470 du *Code de procédure*. L'esprit et la lettre n'en seraient pas choqués. L'ordre public n'en serait pas menacé.

En conséquence, lorsque la cour serait appelée sur une affaire montant du tribunal inférieur, elle agirait, instruirait et jugerait dans le cercle qui lui est propre. Lorsqu'il s'agirait d'affaire commerciale, par exemple, la procédure qui est d'un autre domaine que celle suivie au tribunal civil, se ferait « avec les formes et en suivant les règles » qui sont spéciales à la cause génératrice de l'instance, *sensulato*, disent les latinistes.

Il ne peut y avoir lieu, il n'y a aucune utilité démontrée à constituer avoué. Le vœu est formel ; bien plus il est impérativement et indéniablement exprimé aux articles 414 et 456 du *Code de procédure civile* ; aux articles 627 et 648 du *Code de commerce* ; et enfin, pour que nul n'en doute, aux articles 179 et 209 du *Code d'instruction criminelle*, pour lequel on a tracé des règles de procédure spéciales. Enfin, de l'examen sérieux du tarif du 18 février 1808, qui portera de tout son poids, comme une épée de Brennus, dans la balance de cette question, il résulte péremptoirement que le ministère de l'avoué est exclu et doit être absolument interdit, en appel comme en première instance de matière commerciale. Pour tous les casuistes le tarif sera la pierre d'achoppement.

Les 20,000 appelants entraînent 30,000 co-litigeants qui essaiment nos cours, elles aussi, fertiles en déceptions plus ou moins justifiées pour les juges intéressés de cette particularité de la question. On peut évaluer un surcroît de défense de 300 fr. par partie en cause, soit 15 millions par an. On peut bien dire que le silence du tarif, — suranné, cela est hautement avoué, — est à ce sujet surtout d'une éloquence majeure qui devrait suffire pour réfréner des tentatives hostiles et exclure la manifestation de stériles regrets. C'est à cet égard que le brocart est d'une justesse rare : pas de salaire, pas de postulation.

Conduire une affaire, procéder autrement que le prescrit la loi, ce n'est pas seulement méconnaître l'esprit des textes, — on est alors fatalement conduit à déchiqueter bénévolement les termes de la loi sacrée qui n'en conserve plus que la partie extrinsèque, — c'est faire délibérément une détestable confusion des mots ; bien plus, c'est faire la loi, s'insurger même contre ce bloc de l'ordre social. Il ne serait d'aucune autorité si la loi écrite devait être livrée à « la race des casuistes impérissable, habile à en torturer les textes (1). »

Je n'ose, par crainte de forfanterie, dire après M. Jules Simon, le mystique, « que la liste des bons observateurs n'est pas encore bien grande en France (2). ». Mais, comme s'écrie Carlyle : « Mille hommes, eussent-ils du génie, s'élèveraient contre moi seul, pour me crier : Vous vous trompez, seul contre mille! J'ai raison, vous vous trompez tous, » m'écrirai-je à mon tour. *E puere si muovi*, disait l'indomptable pisantin.

Avoir sous le crâne le tonneau des Danaïdes, c'est le malheur de toute une race de savants (robins), qu'on peut appeler les stériles, dit Victor Hugo, ajoutant plus loin « que le savant est un aveugle qui ne voit pas son ignorance. »

Si je n'ai pu persuadé d'erreur les honorables et savants commentateurs, je pense leur avoir apporté des raisons ; et ce qui est respectable, des textes, *scripta manent*, qui, fables aujourd'hui, serviront, comme il en eût dû être hier, serviront d'articles de foi demain. Montaigne rapporte en note, T. 1, p. 147, cet avis de Cicéron : « Quand même ils ne m'apporteraient aucune raison, ils me persuaderaient par leur autorité. L'auteur des Essais nous dit, p. 123, avoir leu en Tite-Live cent choses tel n'y a pas leu ; Plutarque y en a leu cent, oultre ce que j'ais cru lire, et à l'aventure ce que l'auteur y avait mis. »

« Et ce que toute la philosophie ne peut planter en la teste des plus sages, ne l'apprend-elle pas de sa seule ordonnance au plus grossier vulgaire ?, p. 83.

Nous disons que prise à la lettre, la législation suffit à son but: à l'économie; à la célérité et à la morale la plus difficile.

Considérée justement comme sommaires, mais fussent-elles ordinaires, les affaires commerciales peuvent être parfaitement instruites et jugées en appel comme en première instance, sur un simple acte après l'ajournement à partie, ainsi qu'il est dit en l'art. 405, Titre XXIV du Code de procédure.

Décider autrement, procéder différemment, c'est se lancer dans l'inconnu, vouloir le désordre et la confusion cahotique. Si un tribunal peut se livrer au jeu de l'esprit, à la recherche de l'intention du législateur, tous le pourront à leur tour. La sécurité dépendra uniquement du hasard des influences. On n'entrera qu'en tremblant dans les prétoires. Comme Catinat (3), les plus confiants perdront des procès qu'on aurait dû gagner. Aujourd'hui encore, les intérêts du moment l'emportent sur les principes (4). On ne voit pas se vanter d'avoir gagné sans crédit et sans bassesse, une cause (5).

(1) *A travers le Palais*, p. 72.
(2) *Le Travail*, page.
(3) A 23 ans, il quitta la simarre pour l'épée.
(4) Voltaire, *Siècle de Louis XIV*, p. 473.
(5) *A travers le Palais*, p. 73.

Interpréter la loi, c'est la compromettre, l'annihiler, c'est injurier le législateur, c'est un crime de lèse-souveraineté ; c'est également reculer la civilisation de deux mille ans.

Chez les Locriens d'Italie, fertile comme l'Afrique et la Gaule en avocats, il n'était pas permis de tourmenter ni d'éluder la loi à force d'interprétations. Le juge et le justiciable comparaissaient une corde au cou devant mille juges ; celui dont l'interprétation était rejetée était condamné à mort (1). L'Egalité n'en souffrait pas.

Pour empêcher ou corriger les abus de la parole, les dissertations languissantes et insidieuses, on avait, à Rome, limité aux avocats le temps de discourir.

Interpréter la loi, c'est la conspuer, c'est constituer une Babel dans un labyrinthe. Il ne convient pas de s'engager dans ces sentiers ; il faut au contraire les supprimer, tout au moins en arrêter le développement, en démolir les bases avant de voir se renouveler les effets brutaux de vieille mémoire (2). La justice et le droit seraient-elles de vaines idées ?

> « Et qui veut être juste en de telles occasions,
> Balance le pouvoir et non pas les raisons. »

Or, dit M. de Montluc (3), il n'est rien de plus dangereux, que de tenir officiellement compte de la jurisprudence dans l'administration de la justice. « En effet, de deux choses l'une : ou la force « de la jurisprudence est obligatoire, ou elle ne l'est pas.

« Si la force de la jurisprudence est obligatoire, le juge n'est « plus libre de décider d'après sa science et sa conscience ; il « n'est plus un juge, il est un esclave, non pas des textes, mais des doctrines et des opinions qu'il croit fausses. »

« La jurisprudence qui n'est pas obligatoire ne sert qu'à obscurcir ce qui est clair, à embrouiller ce qui est simple : En présence d'arrêts contradictoires, il vaudrait mieux que le juge n'en connût aucun, ou tout au moins qu'il sût qu'il n'a point à en tenir le moindre compte. »

Un politique sicilien, irrémédiablement turbulent, homme d'Etat acrobate, nous a lancé cette apostrophe affligeante, qu'on ne peut jamais savoir ce qui sortira des délibérations de la justice en France.

Si les textes peuvent être interprétés et les gloses accueillies selon le crédit et les tendances des écoles, que l'on renonce à tracer des signes et que chacun soit juge dans sa cause.

CONCLUSION

Vu les art. 627 et 648 du Code de commerce;

Vu les arti 70, 414, 456 et 570 du Code de procédure civil ;

(1) *Voyage d'Anarcharsis* (B. de Saint-Hilaire), p. 265.
(2) Voltaire: Le *Siècle de Louis XIV*, p. 53.
(3) de Montluc, *de la Réforme judiciaire*. — *La Basoche*, p. 589, fév. 1889.

Vu l'art. 18 de l'ordonnance de 1673 ;

Vu les art. 199 à 201 du Code d'instruction criminelle ;

Vu le Tarif de 1807.

En matière de commerce, en insistance d'appel, il ne peut y avoir lieu de constituer avoué.

Vu les dispositions des art. 68, 69, 70, 456 et 1030, du même Code l'omission de constituer avoué en appel ne constiturait une nullité en aucun degré de juridiction.

CHAPITRE II

§ 1. — Du Visa des Exploits.

« Donnons des voiles à la vérité. » (Guttenberg.)

Au titre de l'ajournement, les commentateurs nouveaux suivent leurs devanciers ; pour se ménager sans doute. Dans les chemins battus les découvertes ne pèsent pas sur l'esprit d'investigation. On laisse de côté la question de savoir si les exploits soumis, assujettis au visa peuvent recevoir ce sacrement laïque ailleurs qu'à la mairie, par exemple. L'affirmative ils la tiennent pour implicite alors que l'explicite est de rigueur.

Mais ils se contredisent, ce qui n'est pas rare, ni exceptionnel. Ils n'admettent pas qu'un voisin, lorsqu'il en est cas, puisse valablement viser l'original d'un exploit dont il reçoit copie hors de son domicile. Ils ne déterminent pas l'étendue ou la limite du voisinage. Les divergences de vues et d'opinions sont nombreuses et disparates sont les avis sur le sens du mot voisin. On sent qu'en employant celui-ci, le législateur a exclu l'autre, et pour cause.

À s'en tenir à la lettre de l'article 68 du Code de procédure civile et à celle de l'article 675 du Code civil, les difficultés d'application seront dissipées ; et l'imagination se reposerait. Il n'y aurait, comme il n'y a pas d'autre voisin que celui qui habite le bâtiment contigu de celui qui abrite la personne à laquelle la copie de l'exploit est destinée. A plus forte raison en sera-t-il ainsi lorsque la circonstance se produit pour des personnes occupant logements dans le même immeuble. Dépasser cette limite n'est-ce pas s'éloigner du but ?

Nous ne pensons pas, nous ne comprendrions pas que l'on s'arrête à l'oiseuse question du sexe et de la qualité, de l'état ou de la condition du voisin. Il nous semble que, hors de la chaire, la discussion serait ridicule.

On fait remarquer que, selon certains auteurs, il n'y a pas lieu d'exiger que le voisin ait son domicile au lieu où le visa sera donné, au lieu où la réception de la copie sera effectuée.

Nous avouons ne pas pouvoir admettre cette opinion comme sérieuse, parce qu'elle est en contradiction au moins avec l'esprit et la lettre des articles sus-visés.

Pour être voisin il faut incontestablement, nonobstant l'état, le sexe et la condition sociale, habiter, demeurer dans le même bâtiment, ou dans l'immeuble en contiguïté de celui habité par la partie à laquelle la copie d'exploit est destinée. Celui-là, ou celle-là qui se trouvera dans cette situation de voisinage, sera le « voisin » indiqué par la loi. Celui-là seul pourra être requis, mais non contraint de recevoir la copie pour son voisin cité et en viser l'original.

L'accord paraît complet pour enseigner que le voisin est affranchi de coercition. En effet, là où il n'y a pas de sanction, l'obligation de faire cesse ; facultative elle n'est que nominale. C'est le cas du voisin. Et il n'y a pas non plus d'autre obligation que celle pour l'huissier, de réquérir seulement. Le refus essuyé ou l'absence du voisin constatée, mention de ce, faite sur la copie et l'original, l'officier ministériel qui n'a de rapport avec le ministère qu'au point de vue disciplinaire, disciples de..... ces formalités judaïques remplies, l'huissier actant n'a plus qu'à se retirer à la mairie du lieu, déposer la copie de l'exploit dont « le maire ou l'adjoint » donneront récipissé visant l'original.

La loi reconnaissant aux individus quel que soit leur rang, leur qualité, leur sexe ou leur condition, le droit de déposer en justice ne peut faire ; en tout cas elle ne distingue pas autrement lorsqu'il s'agit de la remise d'une copie d'exploit. Pour quelles raisons, pour quel résultat, la dépendance ou la situation, la condition ou l'état, feraient-elles perdre à un individu, fût-il eunuque, Diane ou Jupiter, cessera-t-il d'être « un voisin? » Voisin, ne peut dans la conjoncture présente, que répondre à un but universel. L'expression est génésique. Autrement penser ne serait-ce pas calommier la langue ? Et dans tous les cas annuler un acte sous le frivole prétexte qu'il n'aurait pas dû être visé par une femme ou un domestique, ne serait-ce pas créer des nullités? pénalité qui, comme toute autre de droit étroit, ne peut être étendue d'un cas à un autre, en dehors de celui prévu par la loi.

Ces motifs de penser, plausibles, permis, s'adaptent parfaitement à ceux invoqués par les honorables auteurs des *Pandectes françaises*. V° ajournement, page 353, n°ˢ 729, 743 et 747.

S'il faut de l'hésitation pour créer des nullités dans un cas, rien avec raison ne commande cette prudence dans les analogies. Dans le doute, conseille la sagesse, abstiens-toi.

§ 2. — Visa par les maires.

Nous devons maintenant montrer dans les théories publiées au sujet du visa par les maires, les plus étourdissantes contradictions.

« La contradiction est des mortels la douce passion. »

Voltaire a écrit : « Si quelque société de gens de lettres veut entreprendre le dictionnaire des contradictions, je souscris pour 20 volumes. »

L'observation du spirituel critique n'a rien perdu de sa justesse ni de son actualité.

Bien ou quoique très précise, la troisième disposition de l'article 68 du *Code de procédure* ne stérilise pas les imaginations inventives. Les théoriciens fertiles, savants, se complaisent, avec surabondance d'arguments hétéroclites, à enseigner avec une assurance de surface, qu'à défaut du maire et de l'adjoint, les conseillers municipaux pourront recevoir copie et viser les originaux des exploits.

Pour asseoir leur système de construction fragile, les savants ainsi brevetés s'appuyent sur des décisions rendues dans ce sens.

Ainsi ils recourent à la cour de cassation qui est allée jusqu'à décider que l'huissier peut faire valablement viser son exploit par le secrétaire du maire. On a prétendu davantage, mais c'était chez des insulaires. La cour de Bastia, 3 août 1854, a fait bonne justice en décidant que les copies ne pourraient être laissées aux parents ni aux serviteurs de ces fonctionnaires, ni visées par eux. A ce point de vue la discussion ne gagnerait rien en la prolongeant. Cela ne peut faire l'ombre d'un doute. On doit s'étonner que la question ait pu se présenter.

En décidant que les conseillers municipaux ont qualité pour suppléer le maire et l'adjoint, on ajoute même que l'huissier devra s'adresser successivement à tous les conseillers, bien plus, en se conformant à l'ordre du tableau. Tandis que pour le maire et l'adjoint, le choix est facultatif, sans priorité, pour les conseillers municipaux, l'huissier instrumentaire devra se conformer absolument à l'ordre d'inscription au tableau. C'est moins que rationnel. Les raisons invoquées sont tirées d'un décret ministériel du 6 juillet 1810. Mais on peut objecter, en outre, que cette haute décision n'est pas au-dessus de la juste critique ; il convient de remarquer aussi qu'elle ne vise qu'un cas particulier, et que, par suite, elle n'a pas de portée générale ni de valeur extensive.

Il est permis d'ajouter que les attributions des ministres n'atteignent pas à la hauteur présumée.

Pour la soutenance de cette manière de voir, il n'est peut-être pas inutile de prendre un puissant appui dans une nouvelle disposition du décret du 11 juin 1881, réglant les attributions des adjoints de la mairie centrale de Lyon, donnant à chacun des adjoints, dans leur arrondissement respectif, le soin d'apposer le visa sur les actes qui doivent l'être par les maires.

Dans cette circonstance le pouvoir central, respectueux du pouvoir législatif, ne s'est pas départi des attributions qui lui sont propres.

Les motifs invoqués de dévoluer aux conseillers municipaux le pouvoir de viser les exploits ne sont rien moins que spécieux.

Sans doute l'ordre public exige que l'autorité ne soit pas intermittente ; par exemple que les fonctions de maire ne soient jamais vacantes.

Mais, docteurs officiels, la fiction et la réalité sont deux. De même, la fonction et l'autorité sont un principe, un idéal immuables ; au lieu que le fonctionnaire, considéré extrinsèquement, est mobile et changeant, je ne dis pas dans notre esprit, mais dans votre corruption de la loi, il ne compète pas aux conseillers municipaux d'y suppléer *ipso facto, pro clama sua.* Ils commettraient la plus grave des usurpations. C'est un danger qu'il convient d'éviter absolument.

Les conseillers municipaux ne sont que cela.

Signer, viser un exploit à la place du maire ou de l'adjoint, ceux-ci seuls préposés pour cette formalité, ce serait s'immiscer dans des attributions qui ne leur ont pas été dévolues même en apparence.

D'un cas particulier au général la distance serait bientôt franchie. On peut se faire un compte du désastre qui adviendrait une fois le premier pas dans la pente.

Les fonctions, les attributions de maire ou adjoint ne peuvent être déléguées sans précautions. Elles ne sont jamais, nulle part, supplétives ou susceptibles de suppléance. Pareille investiture longtemps réservée par la dictature du pouvoir central, n'appartient plus qu'aux collèges électoraux ou aux conseils municipaux en assemblée régulièrement constituée sous les garanties prises par la loi.

Les conseils élus, ainsi que les corps délibérants, sont justement jaloux de leurs prérogatives aussi légitimes que vaillamment conquises. — Définitivement.

S'ingérer dans les fonctions de maire, en remplir la plus étroite, la plus minime portion, pour un conseiller serait extrêmement périlleux. Il ne serait pas excusable, celui qui cèderait à la vaine tentation du *delirium* des grandeurs électives assez répandu et contaminant.

La sagesse qui a proclamé la nécessité de la séparation des pouvoirs, utile au progrès révolutionnaire, veut infiniment que chacun s'accommode de son modeste rôle et se trouve satisfait de sa position hiérarchique.

L'absence momentanée du maire équivaut à un empêchement circonstanciel ; il en est de même de l'adjoint. Mais cette absence ne suffit pas pour déterminer une vacance de l'autorité. Et cette vacance surviendrait-elle ? elle serait *ipso facto* remplacée, sinon préétablie, par le préfet ou le sous-préfet, par le juge de paix et le procureur de la République selon les conjonctures.

S'il est difficile quelquefois d'avoir sur-le-champ un visa du maire ou de l'adjoint, il n'en est pas autrement au parquet, non plus dans les bureaux indiqués en l'article 69 du *Code de procédure civile*. Lorsque des difficultés de ce genre se produisent, elles ne sont pas insurmontables et ne sauraient présenter de gravité qu'aux esprits méticuleux qui ne voient point si l'absolu n'est pas l'absurde. Que chacun s'inspire de la raison et le cours régulier des choses ne sera point troublé sottement.

Il n'est pas inutile de rappeler à ce sujet que les règlements intérieurs des bureaux administratifs, ni les convenances particulières des fonctionnaires ne peuvent faire échec, ni paralyser aucunement les dispositions supérieures préexistantes de l'article 1037, suivi de l'article 1039 du *Code de procédure civile*. Il n'y a pas de mesure arbitraire capable d'empêcher ni de retenir les huissiers, ni en deçà ni au delà de la faculté qui leur a été octroyée d'instrumenter selon les saisons, entre 4 heures du matin et 9 heures du soir en été, et de 6 à 6 heures en hiver. En vertu du principe que l'autorité n'est jamais vacante, on voit que le visa des exploits n'est point subordonné à des mesures variables, dépendant des convenances changeantes des fonctionnaires. Les habitudes de cette espèce ne sont admises que si elles tiennent suffisamment compte des nécessités diverses des services publics, sans qu'on doive être tenté de hauteur ou de morgue selon que l'impétrant sera plus ou moins humble. Les discussions bysantines dissimuleraient mal les méconnaissances des obligations, l'inintelligence des devoirs les plus simples. Pénétrés de ce sentiment d'honnêteté, les agents de tous les étages feront que les difficultés de tous genres seront plus apparentes que réelles, qu'elles se dissiperont d'elles-mêmes comme par enchantement.

En ces rencontres, dit Stahl, il ne suffit pas d'être bon, il faut le paraître : « Si, ajoute-t-il, vous êtes un homme de génie, la bonté ajoutera à votre génie. »

> « Dans le monde, il n'est rien de beau que l'équité.
> Sans elle la valeur, la force, la bonté,
> Et les autres vertus dont s'éblouit la terre,
> Ne sont que faux brillants et que morceaux de verre. »

Il est indiscutable qu'il n'existe pas de sanction applicable aux conseillers municipaux qui refuseraient pour un motif quelconque, très facile à arguer, qui refuseraient, disons-nous de viser un exploit. Mais où requérir ce visa? A la mairie, rien ne les oblige de s'y trouver hors session. Un huissier ne pourrait les y contraindre, en aucune occasion. Si pourtant ils y étaient rencontrés isolément ou en nombre, de quel droit blâmer seulement leur refus? Il semble fort que hors session, hors de la mairie, les conseillers perdent tout à fait ce caractère.

Dans leur domicile privé, des susceptibilités trop faciles préluderaient, presque toujours, par des vivacités de langage aux questions de préséance n'ayant d'autre résultat que des ennuis.

Quel est, quel doit être le domicile du maire ? Il ne semble pas possible d'admettre qu'il soit ailleurs qu'à la mairie, siège certain de ses fonctions.

Mais alors que devient l'indication des conseillers municipaux et le tableau pour obliger les huissiers à suivre l'ordre d'inscription? Qui délivrerait ce tableau modifiable avec les événements, sans préjudice de la faveur populaire dont la vertu n'est pas la constance ?

Au surplus, voudrait-on, pourrait-on exiger d'aventure, que muni du tableau en passe de légende, l'huissier se transportât successivement dans quinze, dans vingt, jusque dans trente domiciles disséminés aux quatre horizons de la commune ?

Esclave de l'ordre d'inscription au tableau sybillique, source de discussions oiseuses et inutiles, l'huissier, alors, irait, retournerait d'un quartier à l'autre, reviendrait sur ses pas, de rue en rue dans la ville. Dans les communes rurales, que des pérégrinations ! Que de tribulations ! Une méprise toujours possible, une interversion immanquable, seraient-elles excusées? Il ne faut qu'y songer pour s'affaisser d'épouvante ; car une fois engagé dans la voie du tableau, il faut bien pousser jusqu'au bout, jusqu'à épuisement de la liste des inscrits. La logique est forcée. Songeons également qu'au moindre écart, interprété à mal, nos Damoclès sont, comme Clovis, fendant la tête d'un hérétique irrespectueux d'une urne sacrée, possédés du secret désir de nous tomber. Cette expression n'est-elle qu'odieuse ? Le matamore qui a osé la prononcer peut se livrer à ses bas instincts sous les murs de la vieille Carthage.

Il est des cœurs fermes, qui ne se lèvent pas matin, surtout pour les huissiers. Ils se fermeraient plutôt.

Vilains, encore, de la mah-gis-tra-ture, vous savez, mes collègues, n'oubliez pas que si la lénite et la charité sont deux sœurs jumelles, Thémis les chasse ou les méconnaît souvent dans son temple. Déesse adorable, éternellement impitoyable pour les fervents, lève ton bandeau symbolique, chasse les athées, rassure les humbles ! Diriges si tu peux ; avance si tu l'oses.

La doctrine et la jurisprudence, qui veulent, qui préconisent le visa des exploits par les conseillers municipaux sont tout à fait fait chimériques, déraisonnables. On l'aura compris, car, après avoir enseigné cette étrange théorie du visa des exploits au n°779, les auteurs des Pandectes françaises, au numéro suivant, p. 356, sans s'apercevoir de la contradiction, disent que « l'huissier n'est pas tenu de s'adresser successivement à tous les conseillers municipaux. « En l'absence du maire et de l'adjoint, il pourra, ajoute-t-il, remettre la copie directement au procureur de la République ou au juge de paix. »

Pour cet aveu si simple, un *in-quarto* montre la sagacité juridique de certains commentateurs. Ne regrettons pas les hommages dus à la haute notoriété qui enfin lit et conforme son avis au texte, *stricto sensu*, des articles 68 et 69.

La malheureuse tendance à souhaiter la loi et à l'interpréter selon les besoins de sa cause, se répand comme une tache d'huile. On pourrait nommer des sièges où l'assignation en référé n'est admise, en toute occurrence, qu'avec le préliminaire d'une ordonnance sur requête. Cependant la requête n'est prescrite (art. 808) que pour le cas unique d'urgence, que pour abrévier les délais, s'il y a lieu. Les hérésies de ce genre ne sont que trop renouvelées et répandues, *errarum humanum*, dit-on, euphémisme commode qui ne diminue pas le *mentiris* de la fatale consonnance de jugement. — C'est le mot, qu'on peut supposer venir de Menton.

On peut être ou se montrer hautain ou sévère envers les huissiers ; notre devoir alors est de nous taire ; de même que notre liberté est de dire oui.

Sous l'ordonnance de 1667, on pouvait écarter un juge dont on craignait peut-être la perspicacité ou les lumières. Cette observation macabre s'explique quand on sait que la vénalité des charges de judicature est l'excuse d'un soupçon souvent mérité. On sait que des rivalités amenèrent Fouquet à vendre sa charge sous la pression et les artifices de Colbert. En subissant l'arrêt du ministre des finances, le procureur général au parlement de Paris, quoiqu'il pût réaliser son office dix-huit cent mille livres, l'intendant Fouquet dut reconnaître le triste retour des choses. Et les cours alors soumises à la pression du pouvoir, autant que mues par l'ambition irrémédiable, montrèrent qu'il n'y a pas que des arrêts à en attendre toujours.

« Nos yeux ne voient rien en arrière : cent fois par jour nous nous moquons de nous au sujet de notre voisin, et détestons chez les autres les défauts qui sont en nous, fait observer Montaigne. »

Cette fine remarque nous la soumettons à l'auteur du Traité de procédure élémentaire dont le sarcasme ne prouve pas « la belle raison, en vérité » qu'il donne pour frapper *in petto* les huissiers d'ostracisme de la judicature.

« Je me destine à la magistrature », disent vos licenciés, vos docteurs en brevet sans garantie du gouvernement, fils de leur père, président ou conseiller de cour. »

M. Bonfils, selon l'orthographe, nous fermerait l'accès de la judicature pour laquelle il n'admet qu'une longue pratique. Qu'il médite cette opinion d'un éminent jurisconsulte : Croyez-en, dit-il, mon témoignage « le plus petit clerc de la plus petite étude venue est plus fort qu'eux en procédure. » Et afin d'accentuer sa pensée, comment trouver, dit-il, des juges en qui se réunissent, et l'expérience des affaires de la vie et la science du droit (1) ? Comment remédier à cet affreux état de choses ? De très bons esprits ne voient le remède que dans l'élection, objet d'horreur pour les pusillanimes, moins timorés quand ce système est appliqué aux princes de l'Eglise. « Toutes les réformes d'organisation, à écrit M. Varambon (Officiel du 21 février 1880), toutes les épurations seront vaines si on ne peut guérir le mal, qu'on appelle l'intrigue, c'est-à-dire les démarches et les sollicitations. »

Pour l'exercice d'une action il faut avoir qualité, et pour former une demande en justice il faut avoir intérêt.

____

(1) M. d'André, conseiller au parlement d'Aix.

Ces deux conditions sont-elles invoquables lorsqu'il s'agit pour nos parquets de nous ordonner d'assigner, en leur nom, un étranger, en France momentanément, pour voir statuer sur un simple délit de la connaissance du tribunal de son pays? Que le juge compétent du lieu étranger fasse emploi des huissiers français pour citer un régnicole passé en France, nous le comprenons. Mais il nous semble fort douteux qu'un chef de nos parquets puisse légalement faire citer à sa requête ez qualités, un étranger à comparaître devant un tribunal du pays de ce dernier.

Mais le plus abracadabrant dans ce fait qui n'est point non plus hypothétique, c'est que dans la circonstance dont s'agit, au moment de la citation, le prévenu était décédé. L'exploit fut retiré, ne fut pas régularisé et fut retourné au parquet avec la mention du décès survenu. Mal en prit à l'huissier confus, sinon humilié devant l'atrabilaire procureur, maître procédurier, j'allais dire aux procédés proconsulaires. C'est par l'obéissance passive, mais non sans protester intérieurement, ce refuge des opprimés, qu'il se tira de l'impasse en réactant au frais du Trésor public et à la satisfaction du ministre des finances espagnol, qui n'aura pas fait de saignée à l'escarcelle du délinquant trépassé, désormais hors de prise, *manu militari*, désormais à l'abri des véhémentes réquisitions de l'irascible sciencié. *Deus ex machina*, que vos querelles et vos comptes soient effacés ! Faites ou ne faites pas remise des péchés véniels comme le juron et le jeu, choses communes au delà des Pyrénées.

Ce que nous pensons c'est que l'aptitude du juge unique n'est pas plus discutable pour quatre chiffres que pour trois ; que la capacité ne dépend pas du nombre d'ares d'une succession.

Mais l'extension du dernier ressort ne serait-elle pas périlleuse ?

Avec les institutions démocratiques de la France, l'inamovibilité de la magistrature constitue un frappant anachronisme et la menace perpétuelle d'un danger public.

Nous n'avons pas à établir ni à démontrer ici si le visa des exploits est dans la plupart des cas une vaine et futile formalité.

Tant que les textes en vigueur ne seront pas modifiés, il faudra les respecter sans diminuer, sans exagérer leur portée ni en étendre les limites.

Ce que nous croyons avoir démontré, c'est la fausseté des opinions émises en faveur du visa par les conseillers municipaux.

Nous avons fait entrevoir les fatigantes pérégrinations que procurerait la remise d'une copie et l'obtention du visa d'un exploit ; cette formalité, qu'on ne l'oublie pas, est tarifée 0,75 pour les huissiers ruraux. L'huissier ne serait jamais assuré d'éviter les mésaventures probables avec des personnes peut-être honnêtes, bien intentionnées, mais peut-être aussi dépourvues du sentiment des responsabilités. Dans les communes rurales, le sentiment du devoir et la connaissance du droit seront pour longtemps encore à l'état rudimentaire. Le tableau des inscrits serait une source féconde de déceptions. Comment l'huissier s'assurerait-il de l'identité du conseiller signataire du visa ? A qui appartiendrait le dernier mot des discussions immanquablement irritantes ?

Faudrait-il aller requérir le conseiller municipal, jusque dans son champ où le retiennent, mélancoliquement absorbé, ses attachantes, ses attrayantes occupations terriennes ?

> « Heureux celui qui cultive la terre !
> Il trouve aux champs le bonheur et la paix. »

Bonheur sans comparaison pour les émules de Triptolème.

Mais la diversité des travaux agricoles peut bien, dans le cours de la journée, faire changer le cultivateur de décision. Qui saura où il s'est transporté, — où il exécute ses travaux ? Celui qui est requis est-il celui qui vient en ordre du tableau ? Dans le doute, naturel en ces circonstances, en cas de refus catégorique, cela s'est vu ; en cas d'impossibilité quelconque, d'illettré, ce qui n'est pas rare, de maladie, faudra-t-il encore aller à la rencontre problématique du conseiller suivant au tableau ?

Mais où dans le vallon, à droite ou à gauche, au nord ou au sud, dans l'agreste colline dont les sommets rappellent s'ils ne ressemblent pas à Tibériade, se peut-il trouver un guide fidèle ? Il faut quand même franchir le ruisseau sans fond, ou un courant qu'une trombe formidable fait comparer à un fleuve en courroux dans lequel roulent en saccades des roches énormes, gigantesques, faisant retentir leurs contre-chocs irrités que produisent des Titans en colère, invisibles, inconnus.

> « Il faut pourtant passer sur le pont chancelant,
> Et les nombreux torrents qui tombent des gouttières,
> Grossissant les ruisseaux en ont fait des rivières ;
> Je me retire donc encore pâle d'effroi,
> Mais le jour est venu quand je rentre chez moi. »

« Je fais pour me reposer un effort inutile. » — Aux bourgeois citadins.

Et rien n'assure irréfragablement, ni ne témoigne irrécusablement si le visa est régulier.

Qu'importent aux rhétoriciens, aux théoriciens tous les épouvantables tracas qu'ils ne peuvent concevoir, eux bondés de science facile, dans leur cabinet, à l'abri des orages et des brusques intempéries.

L'huissier doit être acrobate, qu'il reprenne la course en gazelle ; qu'il grimpe dans les étroits sentiers, qu'il escalade les montagnes dénudées.

Huissier ! cours, va chercher, requérir, obtenir un visa d'un conseiller ; porte d'une main au rustique municipal une écritoire ; présente-lui de l'autre une feuille azurée qui n'a rien de céleste, diversement appréciée, j'allais dire qualifiée ! La nuit s'avance le jour est fini. Il faut rentrer au logis familial, et,dépourvu du don d'ubiquité, revenir pour les mêmes nécessités à l'étude où les diatribes d'un créancier rébarbatif s'entrechoquent avec les accents pénibles d'un débiteur malheureux, indigné ou le feignant, venus impatientés, l'un de lenteurs apparentes, l'autre de rigueurs qu'il n'aurait jamais soupçonnées et dont il déplace la cause et l'origine. Pour chemin il a pris à travers les champs emblavés ; il a enjambé les lignes plantureuses de vignes luxuriantes, richesse méridionale inouie, bien menacée, tarie çà et là ; il a évité le chemin ordinaire, suivant les buissons emberlificotants, la clôture des prairies embaumées par une nappe de mirobolantes fleurs argentées de la fraîche et matinale rosée, cette manne des végétaux.

Le citoyen honorable, le magistrat minuscule qui a rêvé de l'écharpe peut-être usurpée, dont il est conservateur, à son tour, loque tant convoitée pour laquelle il se ferait écharper, peut-être aussi, avant tout, ce citoyen, ce fonctionnaire ne s'est-il pas dérobé ? L'hypothèse n'est rien moins que vraisemblable.

Oh ! vilain de la magistrature, sue à la peine ! 0 fr. 75 pour te désaltérer ! « L'épouvantable horreur de notre destinée ! » ne désarmera point les Dracons au petit pied, empressés dans « les procédés qui ne résolvent pas les questions (1). »

Alexandre Dumas (2), en moraliste primesautier, nous a laissé la profonde impression d'un portrait. Le type créé par le Maître est un procureur relaps du nom de Villefort que par interposition de la syllabe terminale, se trouve parfaitement caractérisé : Fort-Vil fils d'un des géants de 1793. Après les révolutions on voit des cœurs versatiles, pour qui l'évangile de l'or remplace la foi, comme dirait Proudhon. L'excès de zèle remplace, tient lieu de conviction.

Les humoristes en fadaises, à l'imagination stérile trouveront-ils salé un salaire de 0 fr. 75 pour la laborieuse formalité d'un visa. Leurs quolibets n'en diminuent pas les mérites, d'ailleurs.

Folliculaires à la copie, venez-y voir dans nos études précaires, suivez-nous six mois, vingt, trente ans vous vous édifierez si notre ministère indispensable n'est pas « un sucre » ; s'il n'est pas un « beurre » fondant plus rapidement que ne coulent pas sérieusement de vos yeux des larmes simulées ou les attendrissements de commande que déversent vos cœurs désintéressés.

« Tout beau, dira quelqu'un, raillez plus à propos. »

Ce n'est pas avec 500, 300 ou 200 actes répertoriés, tarifés à 2 fr., casuellement 3 fr, l'un, que les modestes auxiliaires de la Justice, bâtiront des châteaux et traîneront carrosses.

____

(1) Paroles de M. Goblet (*Le Temps*).

(2) On connaît la boutade d'Alexandre Dumas auquel on s'adressait à l'occasion d'une collecte pour l'enterrement d'un pauvre huissier. Voilà 20 francs et qu'on en enterre plutôt deux qu'un. Le généreux dramaturge avait eu souvent affaire aux huissiers, dont il ne craignait pas de conspuer les actes conservatoires et d'éluder les lois.— *Les Coulisses du Palais*, p. 137.

Cependant, depuis 1807, les rapports entre les choses de la vie sont modifiés considérablement et les relations sociales sont complètement bouleversées. Tout est changé autour de notre fiévreuse existence. L'équilibre est rompu.

Payez largement vos fonctionnaires, sinon l'Etat sera mal servi. Ce brocart est de M. Thiers. Les huissiers ont dix fois raison de le rappeler. Nous demandons instamment d'être rémunérés en raison des services rendus ou des responsabilités encourues, assumées sans discernement.

Au commencement du siècle dernier, le moyen ordre s'était enrichi par l'industrie. Ce progrès désirable n'a fait que s'étendre et se développer dans toutes les couches sociales. Mais les salaires des huissiers, établis, réglés depuis 1807, sont en disproportion notable avec les prix des denrées qui ont doublé. A tous les degrés de l'échelle administrative ou judiciaire il y a eu des améliorations, comme dans toutes les branches de l'activité. Les huissiers qui répandent la justice ne recueillent que le déni. On est sans entrailles pour nous, comme autrefois pour la glèbe.

Une responsabilité effrayante, illimitée pèse sur leurs épaules, pour un salaire invariable de 1.50 pour un original d'exploit et de 0.40 pour la copie qui tient lieu d'original.

Il peut paraître étonnant qu'on trouve des sujets pour remplir des fonctions aussi délicates, très pénibles et difficiles, pour une rétribution qui peut sembler dérisoire. Cette situation est semblable à celle de Denis chassé de son trône, parlant comme un sage, agissant comme un fou (1).

Les notaires exercent dans des conditions très différentes. Et leurs salaires sont proportionnels. En certains cas, pour les travaux matériels, les copies d'actes, leurs droits sont fixés à 2 fr.; pour nous 0.20. Il n'est pas besoin de commenter des différences que le principe d'égalité ne saurait approuver.

Les avocats, eux, n'ont pas de maximum. Une des sommités du barreau de Paris avait plaidé heureusement dans un procès. Son client l'attendait dans l'étude de l'avoué. Pris à part, le Démosthène à qui l'avoué demandait s'il serait satisfait avec 50.000 fr., sa réponse à l'avoué fut de ne jamais fixer un maximum (2) des honoraires. C'est le chiffre surtout qui est honorant. Il en fut de même à Rome et à Athènes.

Si les gens de robe ne sont pas désintéressés, rappelons l'avis exprimé par Alcuin au fils de Charlemagne qui le lui demandait : Les hommes n'ont jamais eu assez de gain.

Les pessimistes ou les moroses endurcis ou de convention voient que si le mal est contagieux il n'est pas nouveau.

Un autre exemple, pris dans un autre ordre d'idées, montrera, sans réplique possible, que nous sommes traités en parias avec une inégalité qui approche, qui atteint l'iniquité, la barbarie, même. Nous voulons parler des étranges dispositions des art.

(1) Barthélemy. *Voyage d'Anacharsis en Grèce*, p. 268.
(2) *Nos Grands avocats*, page 153.

292 et 293 du Code de procédure civile, présentant l'expression
d'un contraste excessif, le témoignage d'une opinion peu flatteuse.
Proh pudor !

Comment est fait le recrutement de la magistrature? écoutez donc:

Mérimée, académicien et sénateur, *persona grata*, aux Tuileries.
— « Dans ce pays-ci, où l'on prend les magistrats parmi les gens
trop bêtes pour gagner leur vie à être avocats, on les paye fort
mal, et pour en trouver, on leur permet d'être insolents et
hargneux. »

« Plus ils courbent l'échine devant le maître (1), plus ils se
montrent hautains à l'égard du public; plus ils sont aimables
avec les garçons de bureau du ministère de la justice, plus ils
sont autoritaires avec les officiers ministériels. Cette appréciation
est d'un publiciste dont le nom ne nous est pas connu. La pein-
ture des portraits ne saurait engager le public à accepter l'extension de compétence en dernier ressort. Mais l'aptitude du bon juge
ne dépend point de l'unité du nombre. La loi de 1838, contient
plus que de la bizarrerie.

Les hommes seront toujours lourdement des hommes, dit
Montaigne.

Le réflexion macabre de Victor Hugo mérite d'être rapportée :
Le loup est noir, dit-il, l'homme est loup.

Sur mon âme, fait s'exclamer Cooper, je vois des milliers
d'hommes, mon père, mais pas un seul qui vaille la peine qu'on
ait pour lui les yeux immobiles même si l'on sortait tout nou-
vellement du paradis. La solution de l'extension du dernier
ressort est là palpitante en verbe.

Victor Hugo a dit que si l'on tremble devant les juges, c'est
que la justice c'est l'inconnu.

Avec quelle confiance ose-t-on entrer dans les arcanes de la
justice ?

Vous devriez mourir de honte, disait Perse, aux avocats; vous
avez à sauver la tête d'un malheureux et vous ne songez qu'à
provoquer par votre beau langage l'admiration tumultueuse de
l'auditoire ! On en voyait, c'est Juvénal qui parle, qui avaient
recours au charlatanisme du luxe. Ils se rendaient au *Forum*, en
toge, suivis d'esclaves, jamais sans avoir les doigts chargés de
pierres précieuses.

C'est le barreau qui constitue la pépinière de la magistrature.

Dans les facultés, à la sortie des lycées, on cultive, on façonne
les célébrités en perspective, ceux qui feront métier d'expliquer avec pompe les textes, les imaginaires secrets de la loi.

La science consiste à qui mieux disséquera, tourmentera l'œuvre du législateur que chacun interprète selon les besoins de sa
cause, dans l'attente qui fait se reposer sur l'oreille des juges.
Dans les prétoires l'euphémisme est forcé. Le sceptre de la justice le veut pour l'alimentation de la critique railleuse.

(1) Tel est le sens de la circulaire du garde des sceaux du 4 novembre
1859, rapp. — *A Travers le Palais.*

C'est ainsi qu'on voit les contradictions et les usurpations d'attributions se multiplier.

Une décision rendue par application de l'ordonnance du 19 septembre 1870, abrogative du trop fameux art. 75 de la constitution de l'an VIII, a valu l'appréciation suivante : « En décidant le contraire, la cour de cassation a plutôt légiféré que jugé. » Le malheur c'est que le cas n'est pas rare, et que l'indifférence lui fait l'accueil accoutumé. Ainsi va le monde ; en haut et en bas.

Voici ce qui s'enseigne dans les écoles de droit. M. Bonfils, professeur à la faculté de Toulouse n'éprouve pas de difficulté à trouver la pensée du législateur inscrite dans l'art. 59 du Code de procédure, dont la formule, dit-il, est trop étroite. Pour découvrir, ce qui n'est pas permis, la pensée du législateur, il fallait un grand esprit, transmis par Amphiaraüs à M. Bonfils.

L'auteur du Traité élémentaire de procédure s'exprime ainsi sur un autre sujet de controverse, versant aussi à gauche.

« Quoique dit-il, cette opinion (celles de ses collègues) eût de fermes assises en jurisprudence, elle ne nous paraît pas acceptable, et avec la majorité des auteurs nous la repoussons. Elle est contraire aux principes ; elle viole l'ordre des juridictions et, en l'acceptant, la jurisprudence s'est laissé entraîner par des considérations d'utilité pratique pour justifier cette violation. La jurisprudence refait la loi. » Nous l'avons bien noté depuis fort longtemps.

A propos d'une autre question, il établit, à ses souhaits, dans cette rencontre « que la doctrine et la jurisprudence ont dû suppléer au silence de la loi. »

Dans le même Traité de procédure, T. 1. p. 226, n° 242, il conseille de ne point « suppléer au silence de la loi. » M. Bonfils reflète l'arc-en-ciel.

Cet auteur ajoute ailleurs (1), avec infiniment de raison, que « l'interprète n'a pas le pouvoir de refaire la loi, fût-elle défectueuse. »

Montrez donc la même sagesse, le même respect quand il s'agit des articles 59 et 470 du *Code de procédure*.

On ne dirait pas alors : « Réglez votre montre sur le cadran intérieur de la Sainte-Chapelle, vous emprunterez l'heure au ministère des beaux-arts ;

« L'horloge du Palais que l'Empire de Napoléon III, flattant la royauté de Henri II, fit rechampir de fleurs d'or sur fond d'azur, est remontée de quinzaine en quinzaine par l'horloger de l'Etat ;

« L'horloge départementale veille sur la pendule qui, à la cour d'assises, marque pour les coupables l'heure du châtiment;

« A la cour d'appel, c'est l'horloger du ressort, naturellement, qui donne le branle aux balanciers;

(1) T. 2, p. 866 et 888.

« L'horloger de la ville, enfin, règle sans partage au tribunal de simple police. Ne soyez point surpris si toutes ces aiguilles ne marchent pas d'accord. — Bagatelle, dit-on (1). »

Faisons observer que le satirique a passé sous silence l'horloge consulaire qui miroite à l'hôtel de la Bourse répandant son atmosphère ambiante.

CONCLUSION

Vu les art. 68, 69 et 70 du Code de procédure civile ;

Vu l'art. 675 du Code civil.

Les visas doivent être requis et donnés aux domiciles des voisins ; aux bureaux des agents des autorités et des administrations publiques (2).

En ce qui concerne les municipalités, la formalité sera donnée à la mairie, par le maire ou l'adjoint.

Vu l'art. 1037 du Code de procédure civile, le visa sera donné selon les indications de cet article, de 4 h. du matin à 9 h. du soir, ou de 6 h. du matin à 6 h. du soir du jour de l'acte quand c'est prescrit.

CHAPITRE III

Annexe. — Bourse commune.

« Rester perpétuellement stationnaire en laissant subsister le mal, ou être perpétuellement révolutionnaire en accomplissant le bien (3). »

Partant de cet exorde, de ces prémisses, comme Jean-Jacques Rousseau, mais forcément avec la différencielle disproportion qui me laisse au-dessous de ce grand homme, « ne pouvant faire le bien, je me contente de le dire (4). »

> « Je vais de toutes parts où me guide ma veine,
> Sans tenir en marchant une route certaine.
> Et sans gêner ma plume en ce libre métier,
> Je la laisse au hasard courir sur le papier. »

Bien plus que celle de Boileau, ma plume est hasardée. Trop gênée aussi ! Mais ne puis-je espérer la bienveillance de ceux qui se laissent toucher par les vérités ?

---

(1) *A travers le Palais*, p. 10.
(2) Les sociétés concessionnaires d'un monopole de l'Etat, procédant à sa place, les compagnies de chemin de fer, par exemple, ne sont-elles pas assimilables aux administrations publiques ?
(3) Lamartine.
(4) *Emile* ou de l'Education, p. 8.

Mes chers lecteurs, ceux de ma corporation intéressante qui n'ont pas reçu le large bienfait qui s'appelle la nourriture scolaire, très insuffisamment distribuée jusqu'ici à la masse qui paye plus que la minorité privilégiée de la fortune, me tiendront compte des bonnes intentions.

« Les clartés de l'esprit, objecte Lamartine, sont le privilège des heureux de la terre ; elles ne descendent pas dans les dernières zones du peuple. La lumière projetée dans la tête est elle exclusive des pieds ? »

Ayant fait tous mes efforts, que les occupations poignantes expliquent également, la critique sera indulgente, je l'espère, pour le vêtement donné à ma pensée, c'est-à-dire à la structure d'un travail inaccoutumé, exécuté à bâtons rompus. « Mon verre est petit mais je bois dans mon verre (1) ». Si je fais des emprunts, j'en fais la restitution, et je suis quitte à peu près.

M. Taine dans son Etude sur *Carlyle*, page 129, dit que « nous n'avons qu'à faire du talent ; nous n'avons pas besoin d'être flattés pour de belles formes. »

« Ce serait, pour moi aussi, une cause de désespoir que d'être forcé d'écrire la langue de l'Académie (2). »

Tacite et Voltaire n'ont pas eu le monopole de la pensée juste et vive, qualité émouvante dont la nature est avare.

Ce serait donc injuste, ridicule même, d'exiger dans un travail circonstanciel une rare perfection, de laquelle dépendrait absolument le droit de parler.

Si j'ai pu parvenir sans autre prétention, à me faire comprendre par les lecteurs spéciaux qu'intéresse mon travail difficile par sa nature, j'en serai assez heureux et mon but sera atteint.

Si les erreurs que j'ai montrées ; si les dangers que j'ai signalés et que j'essaye de combattre ; si enfin un jour les unes sont corrigées et les autres évités ou atténués, mon bonheur possible me semblera doux et légitime pour y avoir concouru. OEuvre de termite. — Bénévole, dira-t-on.

Pour l'interprétation des phrases, s'il se trouve quelque affreux janotisme, il m'est permis de penser que les juristes respecteront ma vieille barbe, mieux que ne le fit l'intraitable Philelphes pour l'imprudent Timothée. Si quelque virgule rend perplexe mes lecteurs, je les conjure de me le pardonner, en souvenir des difficultés de ce genre que la fameuse bulle de Clément VIII souleva devant les docteurs de l'Université de cette époque.

Avant de terminer, au risque d'être prolixe, il me semble utile d'étayer les raisons données dans la discussion, disons d'appuyer les raisons développées par les observations suivantes : « Constatons, dit Châteaubriand, qu'il semble être confirmé par la règle, que la foule orgueilleuse ne considèrera jamais qu'on ne sait rien au moment qu'on se croit tout savoir (3). »

(1) Alfred de Musset.
(2) *François le Champi*, p. 14 (George Sand).
(3) *Génie du Christianisme.*

Le plus grand monument de doctrine et de jurisprudence, nous le devons aux princes de la science. Le public leur témoigne un hommage incontesté. Pourtant l'œuvre n'est pas irréprochable. Par exemple, on y lit que les articles 92 à 97 du décret du 14 juin 1813 sont « abrogés ». Telle n'est pas l'opinion d'autres savants remarquables. Nous voulons parler des auteurs du *Répertoire du Journal du Palais*, dont le fondateur fut une brillante étoile du barreau, une comète resplendissante encore et toujours de la secousse de 1848. Et ce qui ne gâte rien, la jurisprudence connue (1) a confirmé de tous points la manière de voir des protestataires de la prétendue abrogation ; elle s'est conformée, ce qui se doit, au texte, en même temps qu'elle s'est inspirée de l'esprit de l'ordonnance de 1822, de néfaste mémoire.

MM. Dalloz n'ont pourtant pas méconnu ce que la sagesse du législateur a mis dans l'organisation actuelle de la bourse commune. Ils recommandent à l'attention des pouvoirs publics, — trop distraits de ce soin si désirable, si vivement attendu, — les bases d'une organisation tracée dans le décret de 1813.

L'auteur de ce décret avait montré une prévoyance et une sollicitude sans égales. Socialiste pratique, monarque imposé, il nous avait à son tour imposé une sorte de solidarité, de mutualité, selon le mot en vogue, d'égalité, expression plus orthodoxe, entre tous les membres des compagnies d'huissiers. C'était de l'association forcée, du communisme honnête. Par ce moyen, il avait placé les plus humbles au niveau des plus audacieux ; les plus modestes, les plus timorés, à l'abri des plus entreprenants, des plus remuants. Il avait abrité la faiblesse et la mollesse des uns, contre l'intrigue et la rapacité des autres. En philosophe qui se rend parfaitement compte de la responsabilité de certains privilèges, peut-être éternellement nécessaires, il avait entouré l'investiture de garanties contre une honteuse commercialité possible de la fonction, car, en cette matière, la concurrence ne peut être ni permise ni tolérée.

Pendant une trentaine d'années, nous avons été le témoin attristé d'un accaparement inouï du travail de tous, au profit du plus injustifiable des favoritismes, si la nullité et le servilisme ne sont pas des titres recommandables. Ce n'était rien moins qu'écœurant.

Oui, nous le disons sincèrement, seule la bourse commune est le véritable palladium. Elle est une barrière inexpugnable contre les effets délétères du népotisme ou de la faveur. La bourse commune seulement sera le frein salutaire contre la bassesse des sollicitations et de la brigue.

En quoi se plaindrait-on des mesures tutélaires qui sauvegarderaient la dignité et l'émulation ? Hé quoi ! ne sont-ce pas ceux qui verseraient le plus dans la bourse commune, mais plutôt ceux qui verseraient le moins qui seraient sérieusement à plain-

(1) *Journal des Huissiers*, 1878, Tome LIX, p. 273. — *La Basoche*, n° 88. — *Le Bulletin de la Taxe*, 1882, p. 174.

dre ! Cela saute tant aux yeux de la bonne foi la plus élémentaire que la démonstration n'est pas autrement à faire. Quel malheur, en vérité, de verser plus que le confrère délaissé, indolent ou atteint d'infirmités! Trop heureux supplice de toucher davantage à raison de ces circonstances ayant permis de faire des actes au détriment de la victime, souvent involontaire, celle-ci prenant ainsi moins sur la part en distribution, — que l'équité parfaite répartirait entre tous, nos droits ainsi que nos besoins, d'ailleurs, étant égaux de nature !

« Je suis informé, écrivait le ministre de la justice à ses substituts, que des avoués et des agréés exigent à leur profit des remises sur les salaires des huissiers qu'ils emploient, sous le prétexte qu'ils leur donnent tout rédigés les actes à signifier.

« Cependant les huissiers trouvent à peine dans le produit de leur ministère les moyens de subsister honnêtement ; aussi ne doit-on pas tolérer qu'une partie de leurs émoluments leur soit enlevée par des avoués et des agréés, assez peu délicats pour demander de pareilles remises.

« Ceux des huissiers qui s'y prêtent ne le font que pour augmenter leurs relations ; mais c'est au préjudice de leurs confrères, qui se trouvent dès lors dans la nécessité de subir la réduction ou de courir la chance de n'avoir point d'occupation (1).

« De pareils pactes sont un véritable abus, pour la répression duquel j'appelle votre surveillance et celle des tribunaux. »

Dix ans après cette circulaire que la poussière recouvre dans l'oubli profondément regrettable, M. Gillon, alors procureur général, député de la Meuse, adressait un rapport dont nous extrayons les passages suivants : « Les avoués descendraient évidemment au-dessous de leur profession, ils répudieraient ce qu'elle a de libéral, s'ils refusaient aux huissiers la faculté de faire des copies de pièces. Il y aurait là un calcul d'intérêt bien étroit. Cependant on ne saurait disconvenir que, dans quelques tribunaux, tel est l'état abusif ; il va même parfois jusqu'à ne payer à l'huissier qu'une portion du salaire de son exploit ; l'avoué lui retient le surplus et en fait son profit personnel.

C'est aux tribunaux à empêcher ces désordres ; c'est aux chefs de parquet à en provoquer la répression.

Il faut le dire : les huissiers ont droit à la protection de la magistrature... Or, leur position se détériore avec une progression inquiétante. Quelques-uns pactisent avec les avoués et instrumentent au rabais ; ils enlèvent ainsi à leurs confrères la clientèle presque sans profit pour eux-mêmes.

Sans doute la corporation des huissiers a, d'après l'article 1382 du *Code civil*, l'action en dommages-intérêts contre ceux

---

(1) Si on le voulait bien à la place Vendôme, à l'hôtel voisin de la rue de Rivoli, on fournirait des notes établissant que cette situation se perpétuait, au grand scandale de la loi, dans l'arrondissement de C., en 1878.

de ses membres qui la frustrent d'un gain honnête par ces marchés honteux ; l'incertitude à ce sujet serait une injure pour la moralité de notre droit civil.....

Cependant l'appui manque généralement aux huissiers...

L'appui manque aux huissiers, constate l'honorable rapporteur, jusqu'à la persécution, s'il était permis d'ajouter ce mot, car le partage obligatoire encore pour une portie du produit des actes, résulte virtuellement des dispositions violées, qui le veulent impérieusement ainsi nonobstant les compromissions. Ce partage doit continuer à se laire en *portions égales* entre tous les huissiers audienciers de quelque manière que le service ait été établi (Art. 95, du décret organique du 14 juin 1813). C'est précis comme un lexique. L'ordonnance du 18 juin 1822 n'a nové qu'en ce qui se rapporte aux huissiers ordinaires et à la bourse commune.

Incidemment, disons un mot de la doctrine de la chancellerie dont l'autorité subie ne trouve pas de résistance effective :

Elle croit devoir rejeter des mémoires de frais les indemnités de voyage lorsque l'huissier acte dans la commune de son domicile, se transporterait-il à 20 et à plus de 30 kilomètres. Evidemment cette pratique à l'égard des commis auxiliaires de la justice contraste avec ce mot, ne tient pas compte de l'équité, s'écarte de la lettre et méconnaît l'esprit des textes. Que disent les textes ? qu'il est accordé des indemnités aux huissiers, lorsqu'à raison des fonctions qu'ils doivent remplir ils seront obligés de se transporter à plus de deux kilomètres de leur résidence, soit dans le canton, soit au delà (art. 90.). A quoi sert donc d'écrire des textes ? La cour des comptes agit pareillement lorsqu'il s'agit de rôles de copies de pièces. D'abord, on ne soutiendrait pas si un jugement peut contenir en deux rôles. En tout cas, le premier n'entre pas en compte, — s'entend pour les huissiers vivant de peu. — La pitié ou la raison voudrait que, le premier rôle gratuit ne fût pas multiplié par le nombre de copies à signifier, car alors ce ne sera pas le premier l'unité numérique, ce sera la pluralité, la multiciplité, vingt, trente rôles qu'on imposerait aux huissiers traités impitoyablement comme des esclaves.

Il y a plus, nous le pensons; on se méprend aussi sur la définition du rôle, expression légale nouvelle. Le rôle, dit formellement l'article 71 n° 10, du décret, digne de la paternité de Louis XI, est de 30 lignes à la page et 18 syllabes à la ligne. Donc 30 lignes de 18 syllabes forment un rôle, car il est judicieux d'admettre que l'auteur du décret de 1811 n'a pas voulu faire survivre l'exigence du feuillet, ou deux pages, qu'imposait l'article 13 de l'édit de 1563.

Ces considérations s'appliquent avec toute la logique désirable aux cas prévus par l'art. 28 du tarif civil, qui ne respire pas le démocratisme dont nous sommes tous ou à peu près assoiffés.

Voyez plutôt : Travail matériel, mécanique, un rôle est payé :

    Aux greffiers . . . . . : 0 40
    Aux avoués . . . . : 0 30
    Aux notaires 2 00
    Aux huissiers 0 20

S'agit-il d'un contrat de vente simple ? Quinze ou vingt lignes sans redondance peuvent rapporter au rédacteur de la minute, agissant dans le calme et l'austérité que rehausse le prestige du blason, jusqu'à plus de 10,000 francs.

Une purge d'hypothèques exige d'autres soins ; l'expédition de l'acte passe entre les mains de l'huissier, lequel remplit des formalités autrement délicates dans des conditions très difficiles.

Que reçoit l'officiel ministériel pour son travail à l'étude, les démarches et la *responsabilité, égale à celle du notaire*?

Voici . . . . { Orig. d'exploit. 1 50
                                       { Copie . . . » 40
                                       { de pièces . » 40
                                          ───────
Pour un huissier, dans un pays de discussion.   2 30

L'égalité en France ressemble à la tour penchée, monument remarquable, place de la Faim qui n'est pas de la fin, à Pise, patrie du célèbre et inflexible Galiléc.

Nous admettons la tarification, mais alors la différence de responsabilité s'impose. Quand ici nous disons ces choses, légistes et magistrats, nous vous disons perpétuellement : Vous nous devez aide et protection.

L'attention des pouvoirs publics nous est plus que jamais nécessaire mais plus que jamais ne fût-elle plus distraite de cette voie, c'est-à-dire à notre égard.

Comprendra-t-on le danger imminent de l'état des choses? Pourra-t-on nous abandonner ou nous protéger contre une aveugle destinée ? Nous renvoyer à Dieu ne serait-ce pas forfaire à l'inflexible raison ? Mais le *credo* de jadis, de la foi naïve ne peut répondre, ne peut satisfaire aux nécessités réelles, sociales ; aux progrès incessants qui changent les facteurs.

Ne sommes-nous rien pour les « cuisiniers judiciaires » ? Dans leur boutique, nous ne sommes désignés souvent que par la profession, parfois même le dédain et la morgue cynique soufflent l'injurieuse humiliation jusqu'à employer l'onomatopée. Psitt, remplace M⁰..., ainsi est conduite la machine qui s'use lentement. La profanation et le sacrilège n'offusquent plus personne dans le sanctuaire de la civilisation.

Si nous avons, comme l'on disait en 1848, droit au travail, il faut, ce nous semble fort, que ce droit symbolique de l'indépendance qui éveille les beaux sentiments, que ce droit, disons nous, soit efficacement garanti ; qu'il nous prémunisse contre l'aléa du lendemain et les tentations possibles que feraient naître toujours la faiblesse et l'isolement en face d'audacieuses entreprises. Il est plausible que c'est de ce sentiment que s'inspira l'auteur de l'ordonnance de 1813, socialiste, peut-être sans le vouloir autrement, que pour nous imposer à son tour une solidarité qui peut servir d'exemple à suivre et pour en remontrer à ceux-là qui en prêchent pour la galerie, pour la foule, pour en remontrer aux prédicants sans foi ni convictions, se dérobant à l'œuvre si l'eau va à leur moulin.

« Demander, recevoir et prendre est le bréviaire des courtisans. » Cela se concilie avec la crasse ignorance de certains hommes qui arrivent au pouvoir.

« Qu'importe où l'on dîne pourvu que l'on fasse bonne chère (1). »

C'est le principe de solidarité et de confraternité qui brille encore dans les articles de 1813, survivants à la funeste ordonnanec de 1822, et nonobstant les arrangements inqualifiables survenus dans la pratique conspuaire de la loi, catéchisme de l'équité.

Le monarque de 1813 a été méconnu dans cette occurrence. Il avait établi des barrières contre le flux des intempérants, des insatiables et des intrigants. Les préposés à la surveillance de ces barrières se sont relâchés, et alors a commencé le débordement qui se continue audacieusement. C'est ce qui peut expliquer, mais non justifier l'énorme, l'extrême différence de situation des huissiers. L'obséquiosité, la servilité, les basses intrigues ne sont pas toujours étrangères à des succès inouis. Ainsi va le monde.

Protège-toi, vilain. N'emprunte pas, prêtes de l'argent plutôt et la considération te viendra par surcroît.

A ce lamentable état de choses, il ne peut être proposé, opposé, qu'un retour aux tutélaires règles du décret de 1813 complétées par une organisation améliorée d'une chambre de discipline dont l'autorité ne soit pas que nominale.

Quel malheur en vérité de verser la plus forte quote-part dans une bourse commune ! N'est-ce pas pour avoir acté plus que les confrères qui auraient dû et pu en faire autant ? La perte ne sera donc sensible que pour ces infortunés, moins prenants dans un partage qu'on peut concevoir et souhaiter égal. De par la loi de la nature tous droits sont égaux et les obligations pareilles.

Alors on ne reverrait pas ces compromissions écœurantes vis-à-vis des scandaleux moyens employés pour l'accaparement de la clientèle, inconstante, voire celles des banques, des parquets et des administrations publiques, elles aussi, oublieuses des droits de tous les membres d'une même famille.

L'honorable M. Mazeau, sénateur de la Côte-d'Or, nous est, dit-on, assuré pour son utile concours en vue de nos desiderata.

---

(1) Je m'étonne, dirait M. Arsène Houssaye, qu'on n'ait pas encore institué à la Chambre une commission de bouche.
L'Eventail brisé, T. II, p. 94.

Nous formons des vœux très sincères pour que les pouvoirs constitués daignent enfin nous prêter attention, avec le courage qui ne dément pas les intentions, qui ne trahit point une juste cause.

La nécessité n'a pas de logique qu'on puisse lui opposer.

Le premier mouvement, pour une corporation malheureusement acéphale, c'est de s'unir, de s'associer dans un but déterminé, et de donner une direction aux efforts jusqu'ici vainement tentés parce qu'ils ont été produits sans cohésion. Cette lourde tâche est confiée au comité central des huissiers. Puisse-t-il ne pas fléchir dans l'accomplissement de sa mission laborieuse !

Nous nous permettons de lui signaler la constatation qu'a faite M. Chamberlin dans son Manuel des Tribunaux de commerce, p. 184, alinéa 7, à savoir que nos « émoluments sont généralement insuffisants. »

« Ce n'en est pas moins justice que de reconnaître que les huissiers, qui forment la classe la plus nombreuse des officiers ministériels, sont ceux dont les émoluments sont le moins proportionnés aux peines et aux soins qui leur sont imposés, et qu'il serait à désirer que l'administration publique vînt bientôt à leur secours, en augmentant un peu le taux de leurs émoluments (1). » L'injustice et l'insuffisance se compliquent de l'inégalité d'une classification à rebours.

> « Oui, le mal peut cesser, si d'un commun accord,
> Chacun apporte à l'œuvre un devoir libre et fort (2).
> Pour atteindre le but, car il faut qu'on moissonne,
> Du bien-être pour tous, ou sinon pour personne. »

Ne pas protester contre l'injustice, n'est-ce pas s'en rendre complice ? Celui qui s'humilie est vite puni (3).

Semblables à Diogène, allumons notre lanterne qui s'appelle l'imprimerie, et que la publicité flamboie dans l'immense horizon.

Il faut secouer la torpeur des immobilaires, autre catégorie détestable plus funeste encore que celle des immobilistes, naturellement pusillamines devant le progrès qui secoue. C'est là, la race éternelle des satisfaits de leur conception du meilleur des mondes, race toujours heureuse, béatement ventrale.

Bonheur de la table, résume l'évangile bourgeois.

Renvoyer continuellement les solutions, c'est mentir à la Révolution. Mais on ne saurait arrêter le mouvement ou le nier. L'époque des rois fainéants est à rappeler. Une formidable poussée en bas, cratère sans cesse en ébullition, peut lancer au loin les scories picratiques.

Maintenir des inégalités comme celles qui nous portent au défi

____

(1) De Bonnesœur, conseiller à la Cour de Bordeaux. *Tarifs commentés*, 1866.
(2) *Les Prévoyants de l'Avenir*, numéro de février 1890.
(3) Renan.

du bon sens ; conserver sur nous des responsabilités qui n'ont rien de commun ni avec l'équité, ni avec la plus vulgaire prudence ; rémunérer le travail avec une tarification surannée, établie à la colin-maillard, cela ne devrait pas se voir dans un pays qui se pique de droiture, qui se vante de civilisation raffinée (1).

« L'homme est toujours l'homme, et à certains moments, le meilleur ne vaut pas mieux que le pire (2) .»

Mû par une profonde conviction, guidé par la plus pure sincérité, je n'ai pas célé la vérité que l'on doit, aux grands surtout.

Aux puissants, disait Proudhon, les puissantes vérités.

---

(1) En terminant ces lignes, il nous revient que dans l'Aveyron, le corps médical, qu'on pourrait comparer à un sacerdoce, est un rébellion, disons en grève, contre le tarif de 1811. L'affaire est en instance d'appel.
(2) Ernest Daudet.